込めろ気合い押せタッチパネル…
でやっ!!
ピッ
まっ気合いじゃ金は増えないよな~~~
今月も相変わらずピンチと
はー
大事に使お…
…ん？
!?
ハッ
この札こっちを見ているような…

うわあ
あ
…青臭い匂い…
リョ
なんか柔らかい…それに
リョ
風…
風!?
がばっ
なんだ…!?
どこだよど田舎か!?
って財布!?
ごそごそ

あるってことは襲われたわけじゃないのか…？
ホッ
とにかくだれかに電話して…
うわっ圏外かよ!?
圏外
ブブー
…落ち着け
なんとかなるなんとか…
ならなかった
ア
ア
結構歩いたな…
はー
もうすぐ夜か…
それにしても何にも見当たらない…
えいほえいほ

えいほっ
えいほっ
えいほっ
タッ
タッ
タ
タ
ガャ
ワァ
ワァ
なんだ
ここは…？

あの〜
すみません
道に
迷った
みたいで…
ここは
映画村とか
ですか？
うっ!?
ギょっ
わ
わあぁ!!
？
あの
ぴゅーー
？なんか
まずかった
のか…？
ザッ…
…異人
チャッ

…え
俺のこと？
？
うわ!?
!?
痛い…
えっ
なに!?
まさかそれ
真剣…
たり
やばいぞ
こいつ!?
ブン
ブン

なんだよ
なんで
追ってくる？
どこなんだよ
ここは!?
ヒョコ
こっちよ！
隠れて！
もしかして
テレビの撮影か
なんかで
みんな
グルなのかも
しれないな
この人よ
助けてあげて
ブツ
ブツ
Goede dag!
(こんにちは)
Spreek je Japans?
(日本語は話せますか？)

た…助けてください！
ん？日本語話せるんだ
俺日本人です！
おいっ！
あんた異人を見なかったか？
!!
終わった…
ああ変わった格好の男だったら…
あっちへ行ったぞ
そうか
もう大丈夫だぞ
こそ…
なんだ怪我してるじゃないか
さっきの浪人に…
それなら俺がオランダ風に手当てしてやるよ！
あんた名前は？
俺は福沢諭吉
……
三田造…です
ゆ…諭吉!?

Business ComicSeries

まんがでわかる

福沢諭吉『学問のすすめ』

齋藤孝 著
岩元健一 まんが

あさ出版

はじめに

まんがを読む前に知っておきたい福沢諭吉のこと

まんがを読む前に、少しだけ、福沢諭吉と『学問のすすめ』について説明しておきましょう。より深く、ストーリーが楽しめるはずです。

◆『学問のすすめ』は、独立する手段として「学問」を勧める本

福沢諭吉というと、壱万円札の肖像を思い出す方も多いのではないでしょうか。あるいは、慶應義塾大学の創設者としても有名ですね。

福沢の著書としては、『学問のすすめ』がよく知られていますが、この本、「天は人の上に人を造らず」以外に、何が書かれているのか知っていますか？

もちろん、そのタイトルが語るように「学ぶ重要性」について説明していますが、「学問」はあくまで手段。実は、「自立した国・人間になること」を最終目標として書

かれた本なのです。

◆自由な気風で闊達な議論を交わした適塾時代

では、なぜ福沢は「自立した国・人間」を目指したのでしょうか。それは、福沢が生きた時代背景が大きな理由となっています。生い立ちとともに見ていきましょう。

福沢は、1835（天保5）年、中津藩（現在の大分県）藩士の子どもとして、大阪で生まれました。当時は、江戸幕府のもと、封建門閥制度の束縛の強い時代でした。福沢は、そんな時代の硬直したムードを非常に嫌い、平等な社会を目指すべく、蘭学（オランダの学問）をはじめとしたさまざまな学問を学び、同じ道を歩む学問の徒たちとの交流を求めて、蘭法医（オランダ流の医者）緒方洪庵の適塾（現在の大阪府）の門を叩きます。

適塾では、生理学、医学、物理学、化学などを学び、酒・煙草も嗜む、愉快な塾生生活を過ごしました。

Ⓒ「慶應義塾図書館」所蔵資料

◆小さな私塾から名門校に

その後１８５８（安政５）年、藩の命令で江戸に出ることになった23歳の福沢は、築地に慶應義塾の起源となる小さな家塾を開きます。次第に生徒も増え、１８６８（慶応４／明治元）年、芝（現在の浜松町駅付近）に移転しますが、この時、当時の元号にちなんで「慶應義塾」と名づけました。３年後には、現在の慶應義塾大学がある三田に移りました。

◆文化の中心が欧米に移る

１８５９（安政６）年、横浜港での体験から、これからイギリスやアメリカが学問の中心になることを知った福沢は、蘭学を捨て、英学を学ぶことを決意します。努力の甲斐あって、翌年１８６０（万延元）年、幕府より洋学の能力が認められ、使節団の一員として3度も欧米を訪れる機会を得ます。
この時期、自由な思想・文化に触れたことは、福沢の人格形成や後の書籍執筆に大きな影響を与えたと言えます。

◆「学ぶ力」で日本を真の独立国へ

明治に入った1868（明治元）年からの10年は、福沢が社会に最も影響を与え、活躍した時期と言えます。明治に入り、日本は一般市民の生活にも西洋の文化が入ってくる激動の時代を迎えますが、福沢は「文明開化」を牽引していった存在と言っても過言ではありません。
慶應義塾では洋学の普及に努めましたが、それは、外の世界を知り、日本人としてしっかりと自分の足で立つ「独立心」を身につけてほしいという思いがあったためです。それがひいては、「日本の独立」につながると考えていました。
国民1人ひとりが学ぶことで、日本という国を強くしたいと考えたのです。
啓蒙活動は、学校の設立だけでなく、著書という形でも表されました。その代表作のひとつが『学問のすすめ』です。

『学問ノス、メ 初編』
©(公財)福澤旧邸保存会

◆1篇20万部を超えるベストセラー

本書のタイトルの一部にもなっている『学問のすすめ』ですが、1872(明治5)年から1876(明治9)年にかけ、17篇の小冊子として出版されました。『学問のすすめ』は、17篇あわせて340万部というベストセラー。新時代の思想家の著として一世を風靡しました。

西洋思想の影響を受けた福沢は、新しい時代の学問として、とくに「実学」(実際の生活に役立つ、科学的実証的な学問)を推奨しました。そこには、実学を身につけることで国に役立つ人材となり、国力を強化するねらいがあったのです。

『学問のすすめ』を著す際、福沢は、率直でわかりやすい文章を心がけたようです。結果的に多くの人に読まれ、日本人の精神改革に、大きな影響を与えたと言えるでしょう。

◆明治の人々を啓蒙した思想書は、最強のビジネス書

独立の精神を訴えた『学問のすすめ』を今おすすめする理由は、現代社会に生きる私たちにとって、学ぶ姿勢から社交の大切さまで、およそ社会人として重要なことが書かれているからです。

人生は、生まれや家柄によって決まるわけではなく、「学んだか、学んでいないか」、つまり「個人の努力」で決まると言っています。家柄の低い武士の家に生まれ、差別されながら育った福沢ならではの考えですね。

ビジネスパーソンにとっては、「学ぶ（努力した）人が成功し、学ばない（努力しなかった）人はそれなりの成果になる」と非常にシンプルな結論が導かれます。

また、福沢の人柄なのか、率直でカラリと明るく1本筋が通った文体も、読む人を元気にしてくれるでしょう。

【スタッフ】シナリオ・平岡由里可、作画・サイドランチ

【資料協力】慶應義塾図書館、（公財）福澤旧邸保存会

【参考文献】
『学問のすゝめ』福沢諭吉（岩波書店）、『学問のすゝめ』福沢諭吉／伊藤正雄校注（講談社）、『現代語訳 学問のすすめ』福澤諭吉／齋藤孝訳、『おとな「学問のすすめ」』齋藤孝、『現代語訳 福翁自伝』福澤諭吉／齋藤孝編訳（いずれも筑摩書房）、『ＮＨＫ「100分de名著」ブックス　福沢諭吉　学問のすゝめ』齋藤孝（ＮＨＫ出版）、『福澤諭吉著作集 第3巻 学問のすゝめ』西川俊作（慶應義塾大学出版会）

おもな登場人物

三田 造（みた・つくる）

テレビ番組制作会社に勤める23歳のAD。
仕事はソツなくこなすが、夢や希望がなく、
ぼんやりと毎日を過ごしている。

福沢 諭吉（ふくざわ・ゆきち）

『学問のすすめ』の著者。合理的な考えの持ち主で、性格はカラリと明るい。

絹（きぬ）

女中。働き者で、正義感が強い。

※この物語は、一部事実をベースにしていますが、フィクションです。人物・団体・企業名は架空のものであり、実在の人物等とは一切関係ありません。

第1話

出会い

～有様の不同なるが故にとて
他の権理を害するにあらずや～

壱万円の肖像にもなっている福沢諭吉と出会った造。
現代に戻れないことに気づいた造は絶望するが、
何かと世話を焼いてくれる諭吉に助けられ、
適塾で働くことに—。

大阪
中津藩蔵屋敷
これは…
夢？
それとも
現実…
イテ
よし
これでいいわ

かすり傷だ
縫合手術でも出来るかと思って期待したんだが……
チッ
つまらん
そんなこと言われても……
それにしてもお前 本当に異人じゃないのか?
だから違うって
じ～
…ねえ これ何?
これ
もしかして珍しい?
バサ

変わった手触りの布ね
……
グイグイ
未来から来たって言ったら
信じてくれますか？
…………
じゃあ語ってみろ
お前のいた時代のことを
まずはこの布についてだ
これはポリエステルといって石油から出来た布です
石油…
聞いたことがあるぞ

ただ
あれはランプの燃料では
まあ
それがもうちょっと時代を経てそういうことになるわけで
えとこの服は
撥水加工をしてるんで水を弾きます
水を弾く?
そう
この上に水をかけてみて
パタタタタ
ねっ
………ふううむぅ
もう一度!
できるか?
できるできる

もーいっかい
もーいっかい
キャ
キャ
この世界が
現実…
がば
なわけない!
そうだ
ゴン
ゴン
バッテリーは一応ある…
なんで駄目なんだよ
どっかにつながるスポットがあるはず!
圏外

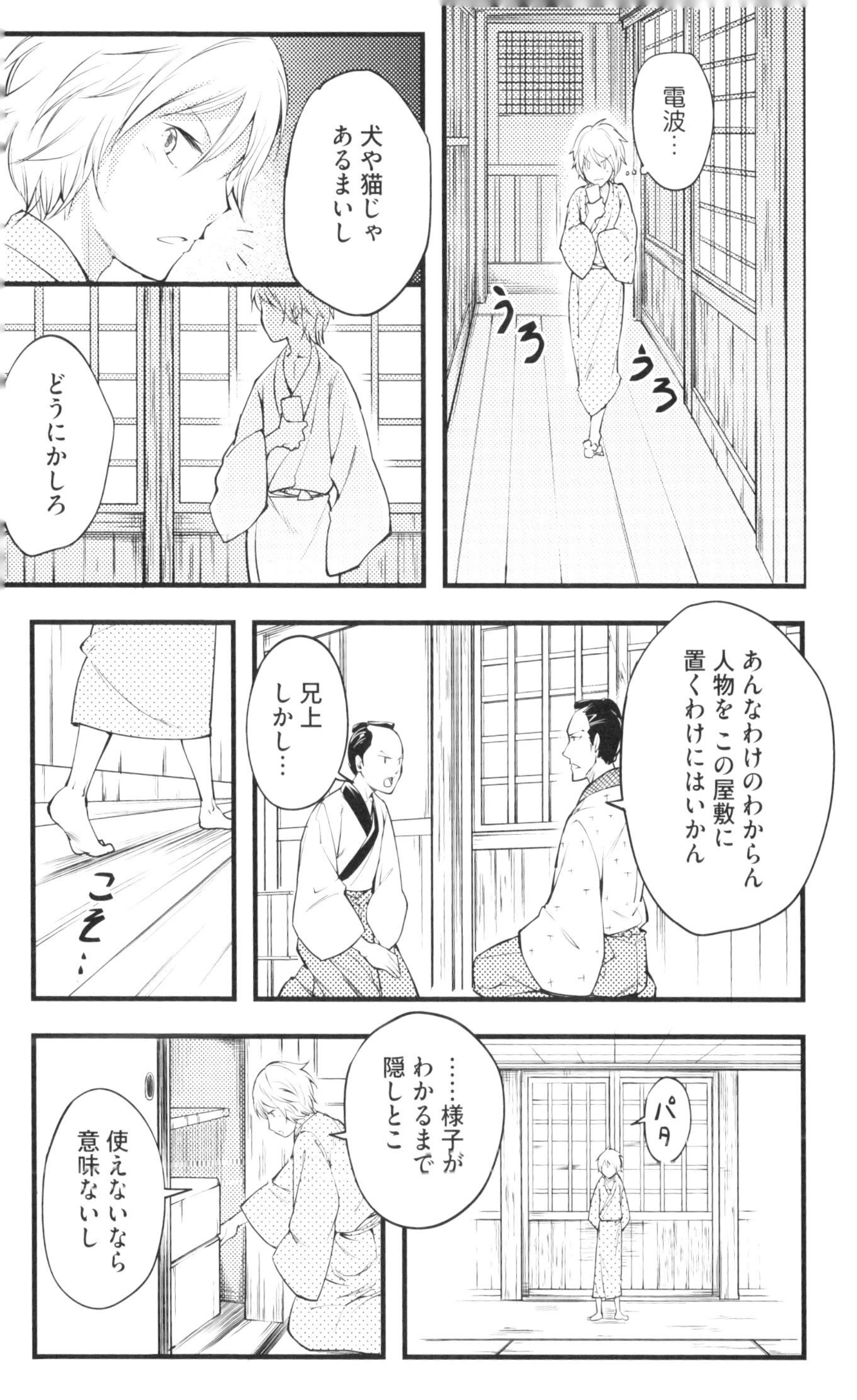
電波…
うろ
うろ
犬や猫じゃあるまいし
どうにかしろ
あんなわけのわからん人物をこの屋敷に置くわけにはいかん
兄上しかし…
こそ…
パタ
……様子がわかるまで隠しとこ
使えないなら意味ないし

……
あの これから どこに……
私が勉強している塾だよ
緒方洪庵先生の名前を聞いたことがあるか？
ブン ブン
まあいい きっと気に入るよ
おぉ
なかなか愉快なところだから
過書町 適塾

…というわけで
この三田造君に仕事を探してやりたい
誰か働き口を世話してやってくれないか
未来から来たかどうかはさておいて
現実 人は誰でも食う必要がある
……言葉はできるのか？
だから日本人だし
細っこい体して使いものにならねえだろ
俺は正直虫が好かないね

こんな変な髪の色…
たじ
それにナヨナヨして男だか女だかわからん
ここで働くのだけは勘弁してほしいね
……
ふざけるな!
有様の不同なるが故にとて他の権理を害するにあらずや（第2編）
見てくれが何だってんだ!
ビクッ

…
君たちも
この漢方優勢の
ご時世で蘭学を
学ぼうという
面々のくせに…
そんな保守的な
意見を聞こうとは
思わなかったぜ
がっかりだ…
はぁ…
なんだよ
チッ
もう
いこうぜ
あの…
この髪に
塗ったやつ…
ああ おはぐろか
夜までほっときゃいい
おはっ？
私としては
不本意だが
また妙な奴に
狙われないとも
限らんからな
このぐらいの
変装は仕方ない

…俺が未来から来たってのは信じたの？
諭吉さんは
…私にはどちらでも構わない
人間信用が第一だ
肩書や見た目に惑わされるなんぞ…
それにぐだぐだ考えてもしょうがない
お前がこれから生活のために何かしら働き口を探さねばならないのは事実
だろ？
でも…
だってお前行くあても帰るあてもないんだろ？
わかるさそれぐらい

……
二人とも 待たせてすまんな
ガラ
緒方先生
彼が 噂の未来人か 信じるのかね 福沢君
真偽のほどは ともかく…
ただ 異人と見るや 斬りつける危険な輩が 増えています ここで私達が見放せば 明日には亡骸に なっているかも しれません
医術を 学ぶ身としては そんな事態は 避けたいのです
ふむ

それにこれを見てください
ゴン
三田あれを
三田君が着ていた衣服です
この布は石油でできており
水をかけると玉のように弾くのです
ほぉ…
ね興味深いでしょう
きっと三田君の存在は我々塾生にも先生にも大いに刺激となるはずです
…確かにな
そうして俺は適塾で働くことになった

ザプ
手洗いとかあり得ねえ絶対…
ゴシゴシ
…はあつかれた
びっくりしたわー着物をそのまま丸ごと洗おうとするの
ほどかないで?
そうそう慌てて止めてイチから教えて
ジャブジャブ
「大変ですねえ」だって
こないだお使い頼んだら大変だったわよ
お金の数え方知らないんだもん常識でしょ?

仕方ないでしょ 記憶喪失の 異人さんなんだから
やだ 造ちゃん ごめんねー
ごめんねー
気にしちゃ 駄目よ！
うん…
バ
サ
はー…… 終わった
トン
トン
すぐ戻れると 思ってたんだけどな…
まいいか…… どっちでも
よっと

どうだ なんとか やってるか
ああ… まあ なんとかね わかんないこと ばっかりで 大変だけど
そうか… 人間まずは
顔色容貌《ようぼう》を快くして 一見 直《ただ》ちに人に 厭《いと》わるること無きを要す だよ（第17編）
人間 第一印象は 大事なものだ 明るい人間は得をする 三田もなるべく 心がけるんだな
つっても 失敗ばっかで なかなか……
あーあ 俺も塾生になろうかな そしたらこんな風に あれこれ言われる こともねえんだろうし
おいおい

仕事は実力が第一
身分肩書じゃない大事なのは果たすべき役割だ
実力さえあればどこででも生きていけるってもんだ
ビシ
実力ねえ……
なんであれ本気で極めるのがいいと私は思うんだ
学問に入らば大いに学問すべし農たらば大農となれ商たらば大商となれ（第10編）
……諭吉年いくつ？
……20歳だが
マジで？年下じゃん俺23なんだけど！
23……見えないな
すみませんね！

それなら先ほどからの呼び捨てもやむを得ん許してやろう
お前らここで何勉強してんの？
…お前呼ばわり！
年上だもんねー
ムッ
……蘭学だ
オランダの言葉を読み解き西欧の医学や技術を吸収している
江戸時代って儒学とかじゃなかったっけ主流は
何ぞ必ずしも和漢洋の書を読むのみをもって学問と言うの理あらんや（第2編）
実なき学問は先ず次にし専ら《もっぱ》勤むべきは人間普通日用に近き実学なり（初編）

ふーん……お前がやってるのは実学というわけか
そういうことだ
つってても俺の時代は英語が主流なんだけどね
？
えいご？なんだそれは
あ…やば
ううん別になんでもない
？
そういうの言っちゃいけないんだよな多分……
とにかくペリーが来てから幕府は大騒ぎしている
これから日本は世界で試される
必竟《ひっきょう》世の事変は活物《かつぶつ》にて容易にその機変を前知すべからずこれがために智者といえども案外に愚を働くもの多し（第14編）
勝つか負けるか…大事な武器になるのが学問なんだお前が学びたいなら学べばいい
学問は米を搗《つ》きながらも出来《でき》るものなり（第10編）

オランダ語を？意味ねーし
おいなんかとばされたぞ
わやべっ緒方先生のふんどし！

第1話 学ぼう！ 諭吉の言葉

有様の不同なるが故にとて他の権理を害するにあらずや（第2編）
（富強の勢いをもって貧弱なる者へ無理を加えんとするは、有様の不同なるが故にとて他の権理を害するにあらずや）

意味 身分や立場など力の差を利用して、他人の権利を侵害してはいけない

解説 福沢諭吉は「権理通義」（今でいう権利）が同等で一人ひとりに差がないことこそ、「平等」だと説明しています。これは、社会に出ても同じです。

仕事をしていると役職や年齢、立場の違いによって、相手にぞんざいな態度を取る人が少なくありませんが、お互いの権利に差があるわけではありません。相手が年下だろうと、立場に違いがあろうと、平等に接することこそ、人として大切なのです。

これは、『学問のすすめ』を理解するうえでの大きなテーマのひとつといえます。

顔色容貌《ようぼう》を快くして、一見、直《ただ》ちに人に厭《いと》わるること無きを要す（第17編）

意味 表情や見た目を快くして、ただちに人に嫌な感じを与えないようにすることが大事である

解説 福沢は、細かいことにこだわらない、明るく気さくな人だったようです。その性格が、彼を歴史に残る偉大な人物にまで押し上げた一因なのでしょう。

何か物事がうまくいかないと、イライラしたり、落ち込んだりして、それが表情や態度に出てしまうことがあります。ですが、そんなときこそ、この言葉を思い返してみるといいかもしれません。

学問に入らば大いに学問すべし。農たらば大農となれ、商たらば大商となれ（第10編）

意味 学問をするなら大いに学問するべきである。農民ならば大農民になれ。商人なら大商人になれ

解説 人は高い目標を持たないと、努力が続きません。すぐに手が届きそうな小さな目標を掲げて、小さくまとまってしまうのではなく、どうせなら一番を目指して努力するほうが強い力となるのです。

何ぞ必ずしも和漢洋の書を読むのみをもって学問と言うの理あらんや（第2編）

意味 和漢洋の本を読むだけで学問ということはできない

解説 勉強に決まった型などありません。

自分が何を学びとするか、それさえ意識できていれば、失敗や挫折なども自分の糧となるのです。ときに雑用のような仕事もあるかもしれませんが、自分の受け取り方次第で、すべてが貴重な財産となるはずです。

実なき学問は先ず次にし、専《もっぱ》ら勤むべきは人間普通日用に近き実学なり（初編）

意味 実用性のない学問はとりあえず後回しにして、一生懸命やるべきは、生活に役に立つ実学である

解説 私たちは勉強をするときに、「テストでいい点数を取る」「成績を上げる」といったことを目的にしがちですが、それは本来の目的と違います。

私たちが勉強するのは、学んだことをどうやって日常生活、経済、世の中の動きに役立てるかです。これこそ実用的な学問、「実学」といえるのです。

必竟《ひっきょう》世の事変は活物《かつぶつ》にて、容易にその機変を前知すべからず。これがために智者といえども案外に愚を働くもの多し（第14編）

意味 結局、世の中の変化とは生き物であって、事前にその動きを知ることは簡単ではない。そのため賢い人間でも、案外バカなことをしてしまうのである

解説 いつ何が起こるかわからない時代だからこそ、日頃から不測の事態に備えておくことが大切です。「新たなスキルを取得する」「他社の研究をする」。事前に備えた分だけ、あらゆる対応ができるのです。

学問は米を搗《つ》きながらも出来《でき》るものなり（第10編）

意味 学問は米をつきながらでもできる

解説 物事に取り組む前から「時間がなくて」「忙しくて」と言い訳をする人がいますが、もし、これが自分のやりたいことだったらいかがでしょうか。おそらくやる気十分で、前向きに取り組めるはずです。

自分が本当は何をしたいか、今取り組んでいることとどう結び付くのか、それらが明確になると、何事にも積極的に取り組めるのではないでしょうか。

第2話

現代へ

～天は人の上に人を造らず人の下に人を造らず～

気づけば平成の現代に戻っていた造。
諭吉について調べ、諭吉が偉大な人物であることを知る。
成功しているように見えるまわりとのギャップに苦しむ造は―。

ピピピピピピ
ピッ
う～ん…
なんだ夢か…
バシャバシャ
そりゃそうだよな現実的に考えてタイムスリップなんて…

……!?
ダダダダ
バーン
あれっ お兄ちゃん 髪黒く したんだ？
お俺 昨日何してた!?
？ 仕事行って いつも通り 遅く帰ってきたん じゃない？
ばっ
月16日(木
1日経ってる――!?

変なの！行ってきまーす
？
？
行ってらっしゃい
また後でね
はあい
パタン
今日あの子三者面談なのよね
あー
「悩んで決めても結局 家庭環境か永久就職先次第だよね～」なんて言うのよ
まあ そのうちやりたいこと見つかるでしょ
うちの子兄妹そろってパラサイトになるのかしら…
…行ってきまーす
心配～

制作会社 K
おい 三田! 午後の収録 店に挨拶したか?
はいっ 挨拶して 名刺も もらいました!
道路使用許可は?
取って あります!
OK 次これと これ頼むわ
はいっ
う…
ドサ
あのまま 向こうにいるのは 不便だけど
戻ったところで 毎日これなんだよな

すみませーん
お静かにー
なによ
同じような雑用
同じような毎日
大変申し訳ありません
俺はなにも…
エー
しっかり持て
希望して入った業界だけど
こんなだったか…？
いつまで地味にキツイ仕事やってくんだろ
ひぇ〜
考えたってムダかぁ…
やめたところで次が保障されてるわけじゃないし
フー
お疲れ
そろそろ精算あげとけよ
仮払いだせないから
あっ
はい！

ファ〜〜
夜食買ってくるか〜〜
あの人元気だよな〜
っと
領収書領収書…
あ
10000
……「福沢諭吉」…と
福沢諭
検索
カチ

福沢諭吉「　　」
福沢諭吉は1835年大阪にて中津藩士の末子として生まれた
翌年 父・百助が死去したため
母と兄三人の姉と共に中津（現・大分県中津市）に移る
大阪
大分
諭吉は手内職で家計を助けており学問を志すのは14～15歳の時と遅かった
やらんとな
また、幼い頃より飲酒を覚えていた
ハハ意外にワルいな
武芸は立身新流居合いを修める
この頃内職として按摩の修業も積んでいる
色々やってんなあ
フーン
1853年諭吉18歳の時―

浦賀に
ペリー来航
翌1854年の
再来航とともに
人々を驚かせた
おおおーーっ
中津
長崎
こうしちゃ
おれん
諭吉は
蘭学修業のため
長崎へ行き
?
?
へ…へっと
…が…
オランダ流
砲術家の
食客となり
蘭文を学んだ

1858年 23歳の時に 江戸に赴き…
中津藩 中屋敷内に 蘭学塾を開く
これが 慶應義塾の元となる
23歳って 俺と同い年じゃないか
うわ〜
25歳で 咸臨丸に乗り アメリカへ
アメリカ!?
26歳で結婚 27歳で ヨーロッパに行く
万国博覧会を 視察するなど 外国の文化を さらに学ぶが—

生麦村（現・神奈川県横浜市鶴見区生麦）で
イギリス人商人が薩摩藩の大名行列の無礼討ちに遭う「生麦事件」が起こってしまう
ぶっ無礼者！
攘夷の気運がますます高まり洋学者にとっては苦難の時期であった
実際に見た外国の文化はどれも目を見張るものがあった
日本人が遅れをとらぬためには…

まずはあまねく知識を広めるのだ！
諭吉は自らの見聞をふまえた海外事情について書くなどして啓蒙に努めた
蒸気機関車や電気機器植字機といった技術はもちろん…
病院に銀行郵便法 徴兵令に選挙や議会の制度も日本には無いものだ
西洋事情
日本も今までのように封建社会の中で儒教を守るだけではいかん！
国民が賢ければ上に立つ政府も優れたものになる
今必要なものはそう学問だ！

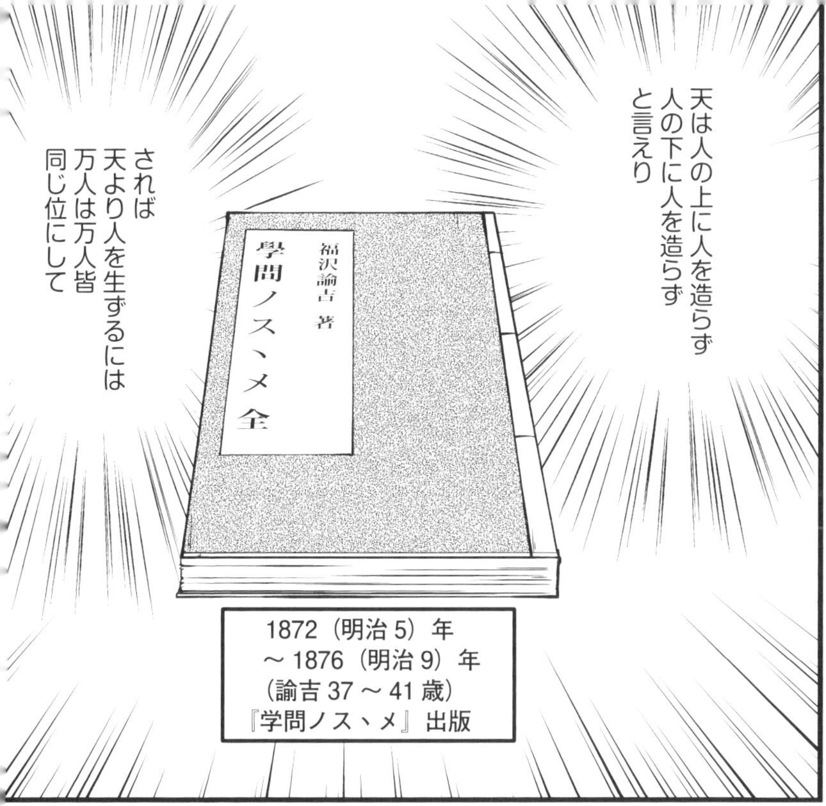
天は人の上に人を造らず
人の下に人を造らず
と言えり
福沢諭吉 著
學問ノスヽメ 全
されば
天より人を生ずるには
万人は万人皆
同じ位にして
1872（明治 5）年
～ 1876（明治 9）年
（諭吉 37 ～ 41 歳）
『学問ノスヽメ』出版

生れながら
貴賤《きせん》上下の差別なく
万物の霊たる
身と心との働きをもって
天地の間にある
よろずの物を資《と》り
もって衣食住の用を達し
自由自在、互いに
人の妨げをなさずして
各々安楽に
この世を渡らしめ給うの
趣意なり

されども今広く
この人間世界を見渡すに
かしこき人あり
おろかなる人あり
貧しきもあり
富めるもあり
貴人もあり
下人もありて
その有様《ありさま》
雲と泥との
相違あるに
似たるは何ぞや
その次第
甚《はなは》だ明らかなり
実語教に
人学ばざれば智なし
智なき者は愚人なり
とあり
されば賢人と
愚人との別は
学ぶと
学ばざるとに
出《よ》って出来《いでく》る
ものなり（初編）
賢人
愚人
「学問のすすめ」
ってこんな
続きが
あったんだ
それにしても

はっ
はっ
はっ
こんなの書くやつには見えなかったけどな
ハハハ
……俺
本当にあいつに会ったのか…？

おーい
三田！
悪い悪い
お待たせ！
馬場～お前
連絡しろよ
何のための
携帯だよ
悪かったって
間際に上司に
呼ばれてさ
ていうか
その髪
イメチェン？
笑うなよ！
俺だって
心外なんだから

とりあえず生2つで…
ん どうした？
本日の
なあ馬場
あれ 誰の言葉だっけ？
まず獣身を成して而して後に人心を養う
「まず獣身を成して而して後に人心を養う」？
えー 誰だろ ……みつを？
福沢諭吉ですよ～
ハハハ 諭吉ね 諭吉

あー
飲んだなー
最近
どうなの？
うぃー
うん 俺も
大学の頃と同じ
アパートだけど…
も少ししたら
引っ越すよ
彼女と住むんだ
えっ!?

お前いないの？
いるわけねーだろ 時間もないし 出会いもないし！
毎日 これでいいのかって 自問してるね
そのくせ 代わり映えしない 仕事ばっかでさ
ひっく
仕事？ 雑用って ゆーか…
―俺だって 雑用と出張 ばっかだよ
なあ三田 新人が きついのは 仕方ないよ
なんとか やってるうちに 会社や社会の 常識を身につけて…
そこから 次の世界が 見えてくるもの じゃないのか？
…まあ どうしても 合わないなら 次を探すのも手…
ムッ

……セーフティネットがあるやつはそうだろうなぁ
お前んとこは親父さんも大手だし…
心配ないいんじゃね？
まー俺とは違うよなー……
三田…大丈夫か？
お前そんなこというやつじゃ
！
……ごめん
ガタッ

なんだよ…
どうしたんだよ？
……
悪い 変なこと
言っちゃったな…
1人で考えてみるわ…
ごめんな
「やったじゃん
採用おめでとう
三田！」
「おー
馬場も
頑張れよ！」
「落ち着いたら
飲もうぜ
お前の
おごりな！」
ふざけんな
あはは
……くそっ
なんで
こんな…

第2話 学ぼう！ 諭吉の言葉

天は人の上に人を造らずと言えり。されば天より人を生ずるには、万人は万人皆同じ位にして、生れながら貴賤《きせん》上下の差別なく、万物の霊たる身と心との働きをもって天地の間にあるよろずの物を資《と》り、もって衣食住の用を達し、自由自在、互いに人の妨げをなさずして各々安楽にこの世を渡らしめ給うの趣意なり。されども今広くこの人間世界を見渡すに、かしこき人あり、おろかなる人あり、貧しきもあり、富めるもあり、貴人もあり、下人もありて、その有様《ありさま》雲と泥との相違あるに似たるは何ぞや。その次第甚《はなは》だ明らかなり。実語教に、人学ばざれば智なし、智なき者は愚人なりとあり。されば賢人と愚人との別は、学ぶと学ばざるとに由《よ》って出来《いでく》るものなり（初編）

意味 「天は人の上に人を造らず、人の下に人を造らず」と言われている。それなら万人がみな同じように、生まれながら貴賤の上下がなく、その体と心の働きで天地にあるすべてのものを取り仕切り、衣食住は満ち足りていて、お互い邪魔をせず安らかに楽しく自由に、この世を生きさせてくれるということだ。

しかし、この人間の世界を見渡してみると、賢い人も愚かな人もいる。貧しい人も、金持ちもいる。社会的地位の高い人も、低い人もいる。

こうした雲泥の差と呼ぶべき違いは、どうしてできるのだろうか。その理由は明らかだ。

「実語教」（庶民のための教科書）には、「人間は、学ばなければ智恵が出ない。智恵のないものは愚かものだ」とある。それなら、賢人と愚人の差は学問をするかしないかによって、生まれるものなのだ

解説 若い人に『学問のすすめ』について聞いてみると、冒頭の一文だけ知っていて「人間の平等を説いた本」と思っている人が多いのですが、福沢諭吉の一番

言いたかったことは違います。
福沢諭吉は「人間は学問をするかしないかによって大きく差がつく。だから、みんな頑張って学問に精を出せ」と言ったのです。
つまり、人の地位や財産は、その人の働き次第で決まるという厳しい競争原理を説いたのです。
彼がこの本を世に発表したのは、明治維新という未曾有の大転換期を乗り切っていくためにはどうしたら良いかという、一種の危機意識からでした。
当時は鎖国が解かれたばかりで、海外ともどんどん交流をしなければならず、日本人は新しいアイデンティティーを持つ必要性に迫られていたのです。
そうした時代背景のなかで、『学問のすすめ』は17編の小冊子として発行され、新時代にどう考え、どう行動すれば良いかを示す、指南書として支持されていったのです。
キーワードは「実学の奨励」「国民皆学」「平等」「独立心」「人間《じんかん》交際」。
明治の人々は、この本によって心を変え、社会を変え、新たな時代をつくっていったのです。

まずはあまねく知識を広めるのだ！

第3話

再会

～我心をもって他人の身を制すべからず～

気付けば、造は１年後の適塾にいた。
絹から、諭吉は兄を亡くしたことを聞く。
それでも前向きな諭吉を見た造にも、
少しずつ変化が現れてきて—。

おい 起きろ
1856年
適塾
どうした
早く起きないと
朝飯食いっぱぐれるぞ

ぐずぐず
するな
ほら
さまずは
銭湯
朝風呂だ
カポーン
しっかし
お前
今までどこに
行ってたんだ？
え？

緒方先生に挨拶もせず一年近く…まったく恩知らず甚《はなは》だしい
一年……そんなに
21世紀の数日がここの一年！
隠さなくていい本当はどこへ雲隠れしていた？
お前のことだ何か事情があったんだろう
……
21世紀に戻ってた
約150年先の未来の世界に
未来の人間は時間を行き来できるのか？
ひそ
いや無理だからなんでこうなったのかは俺もわからねえ

せっかく家に帰れたと思ったらまたここに…
しかも俺にとってはほとんど時間が経ってない
その仕組みがわかればいいんだがな
行ったり来たりできるかもしれない
面白がってるみたいだけど
俺には大事件なんだぞ
すまんすまん
私なら色々試すだろうと思ってな
俺はそんな事しない
ブクブク

私は三田造じゃないし お前は 福沢諭吉じゃない
大体 何でも自分と 同じに考えるから 物事がこじれるんだ
あるがままに見つめ あるがままに受け止める
自分は自分 人は人… 真実を見るには それしかないだろう
なんか…… ちょっと変わったな お前
そうか？
色々あったからな 三田はここにいない間 何をしてたんだ
仕事したり 友達と会ったり…
それだけか
それだけって いうか…… あー
俺のせいじゃない… あいつが あんな感じだから 思わず…

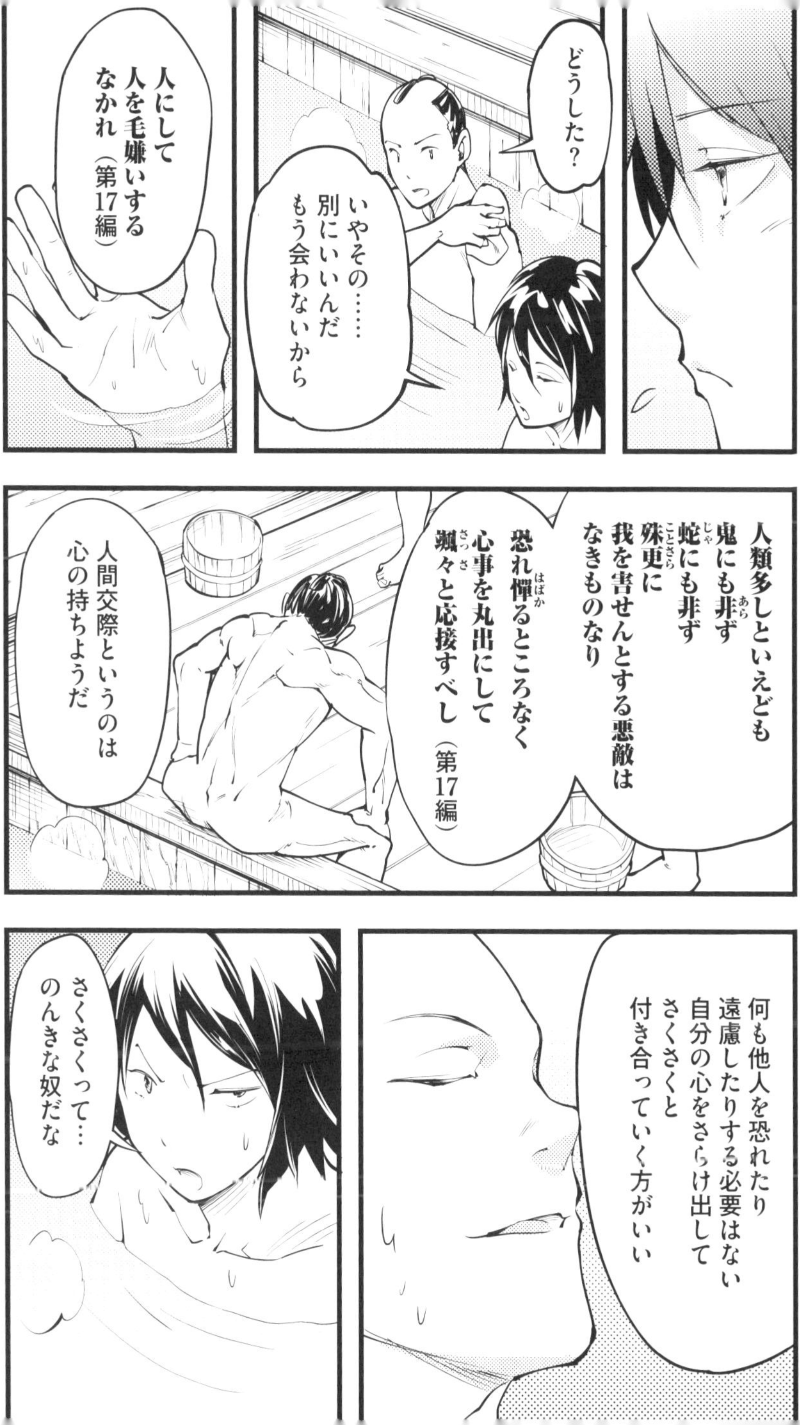
どうした?
いやその……別にいいんだもう会わないから
人にして人を毛嫌いするなかれ（第17編）
人類多しといえども鬼にも非《あら》ず蛇《じゃ》にも非ず殊更《ことさら》に我を害せんとする悪敵はなきものなり
恐れ憚《はばか》るところなく心事を丸出にして颯々《さっさ》と応接すべし（第17編）
人間交際というのは心の持ちようだ
何も他人を恐れたり遠慮したりする必要はない自分の心をさらけ出してさくさくと付き合っていく方がいい
さくさくって…のんきな奴だな

その友人がどんな奴か
私は知らんしな
出るぞ
ああ…
ザパ
金持ちの
息子だよ
俺より
いい会社入って
いい給料
もらってさ
かいしゃ？
人が集まって
働く場所っていうか…
あ それ
仕官口の
ことか
要するに
ねたみだな
ふむ
…
interessant《インテレサント》（面白い）

いつの世でも人間は同じことで思い悩んでしまうのだな
だが我心をもって他人の身を制すべからず（第8編）だ
自分の考えで他人を縛ってはいけない
私はね あらゆる人間の欠点の中で他人をねたんだりうらやむことが一番良くないと思うんだ
それは相手を自分の限度までひきずりおろしたり相手に害を与えて安心することにつながるからな
不善の不善なる者は怨望の一箇条なり（第13編）
我を顧《かえり》みずして他人に多を求めその不平を満足せしむるの術は我を益するに非ずして他人を損ずるに在り（第13編）

自分の思うように ふるまうことが 相手に迷惑を かける時もある
自由と我儘《わがまま》との界《さかい》は 他人の妨げを なすとなさざるとの 間にあり（初編）
大体 もう大人なんだ 道理を知らない 子どもとは違う
俺が子どもだって 言うのか…
自分で考えてみれば わかることだ

バン
許して
くれるかな
あいつ
さあ
飯だ飯!

ワイワイ
ハイ
プイ
三田さんにはあげない
おきぬちゃん意地悪するなよ
ご飯の支度も手伝わないで…
あ…ごめん寝坊して

今日だけよ
夕飯は手伝うよ
今日はネギとサツマイモの難波煮か うん 正しい正しい
正しいって何が？
おまえ…
ここは1と6が付く日はこれ 5と10の日が豆腐汁 3と8の日がしじみ汁なんだ
モリ モリ モリ
ふーん そうなんだ
いただきます
ガッ ガッ ガッ

ヅーフ部屋
ヅーフとは長崎の出島に在留していたオランダのドクトル・ヅーフが
【ハルマ】というフランス＝オランダ対訳の字引を翻訳したもので蘭学社会唯一の書物と崇められていた
HIJK
緒方の塾中にはたった一部しかない
六冊ものの『ウェーランド』というオランダの原書の字引も一部あったが初心者には難解だった

どうして黙って急にいなくなったりしたの？
ごめん……色々あって
また宜しくたのむよ
緒方先生はなんて？
パチ パチ
「頑張れ」って……
パチ パチ
もう心配かけないでね

どうした
三田
食わんのか
ムグリ
俺は最後で
いいよ
みんなの
残り物で
どういうわけだ
急に謙虚になって
三田さんは
後でおきぬと
一緒に食べるの
なんだ
そうか
おかわり
え…
そうなの
おきぬちゃんに
たっぷり説教
くらうって趣向だな
くすくす
はい これ
全部三田さん
のよ
ども…

ご飯時ってみんなすごいじゃない
三田さん久しぶりだからゆっくり食べさせてあげたくて
そっか…
三田さんて…
なんか心配になっちゃうの
俺なら大丈夫だよ
諭吉がよくしてくれるし
そういえば聞いてる？福沢さんの兄さん亡くなったって話
え いつ？
9月よ
春にリュウマチになって兄弟そろって一度故郷に帰ったの…でも駄目だった
…そうだったのか
福沢さんは跡継ぎになるから勉強できなくなっちゃう…だからねお母上を説得したんだって

寂しいでしょうけれど
どうぞ私を手放してくださいませんか
私は寺の小僧になったものだと
思ってあきらめてください
すると福沢さんのお母上は…
三之助は死んだ
死んだ者は仕方がない
お前もまたよそで
死ぬかもしれないが
それをどうこう言っても
仕方ない
どこへでも
出て行きなさい
気丈な方なのね…
そうまでして
勉強したいのか…

グィ
寒いのに こんなとこで 何してんだ
おう 三田 お前も飲むか
……いいのか
何だ

色々あったんだろ…ここに来ていていいのかと思って
…どうしても戻りたかったんだここにその為なら何でもしようと決めた
借金の片付けやら藩とのやりとりやら…何の苦労でもないそんなことは
緒方先生は？
心の広い方だからな快く受け入れてくれたよ
それに私は中津の家老の息子が持ってたオランダの築城書を写本して持ってきた
もしかしたらそれで熱意をかってくださったのかもしれない
なに人には各々意思あり意思はもって事をなすの志を立つべし（第8編）

寂しくないか育った場所や家族から離れるって
人に交わらんとするには啻《ただ》に旧友を忘れざるのみならず兼ねてまた親友を求めざるべからず（第17編）
私は誰とでも付き合うようにしてるからそういう思いはないな
母も分かってくれた三田も分かってくれ
うん

第3話 学ぼう！諭吉の言葉

人にして人を毛嫌いするなかれ（第17編）

意味 人として生まれ人を毛嫌いするのは良くない

解説 福沢諭吉は社交的な人で、人との出会いを大事にしました。現代でもこの考え方は非常に大切です。

たとえば、自分が苦手、嫌いと思い込んでいる相手がいたとしても、いざしゃべってみて、それが自分の思い過ごしだったということは少なくありません。ビジネスでもプライベートでも、より多くの人と接点を持ちたいと思うのであれば、人をむやみやたらに嫌ってはいけないのです。

学ぶことの重要性を問いた『学問のすすめ』全17編のラストを、この言葉で締めくくっているのは、なかなか意味深長に感じられます。

人類多しといえども鬼にも非《あら》ず蛇《じゃ》にも非ず、殊《こと》更《さら》に我を害せんとする悪敵はなきものなり。恐れ憚《はばか》るところなく、心事を丸出にして颯々《さっさ》と応接すべし（第17編）

意味 人間は多いと言っても、鬼でも蛇でもない。わざわざこちらを害しよう、などという悪い人はいないものだ。恐れたり遠慮したりしないで、自分の心をさらけ出して、お付き合いしていこうではないか

解説 利害が絡むと、人はどうしても相手の気持ちを詮索しがちです。もし、相手の気持ちを知りたければ、まず先に自分の気持ちを素直に伝えることです。

穏やかな表情で、言葉選びを間違えずに「あなたと素敵な関係を築いていきたい」という意思を伝えれば、そうそう敵対心を抱かれることはありません。むしろ、相手に安心感と誠実さを伝えることができ、心を掴むことができるのです。

我心をもって他人の身を制すべからず（第8編）

意味 自分の考えで他人を縛ってはいけない

解説 「メールはすぐに返信をするもの」「待ち合わせには15分早く着いているのが当たり前」

　このように自分の考えを相手に押し付けてしまうことはよくあることですが、その考えが他の人にも当てはまるかどうかはわかりません。日常生活であれ、仕事であれ、「こうあるべき」という考えを押し付けたら、その人の考えややり方を否定してしまうことになります。良好な人間関係を築いていくうえでは肝に銘じたい言葉です。

不善の不善なる者は怨望の一箇条なり（第13編）

意味 欠点中の欠点とは、怨望だけである

解説 驕りと勇敢さ、粗野と率直さなど、人の長短は表裏一体となっています。ただし、人を羨むことは欠点でしかありません。「〇〇さんばかり認められる」「〇〇さんはずるい」という気持ちを抱いたときほど、自分の考え方を見直さなければいけません。

我を顧《かえり》みずして他人に多を求め、その不平を満足せしむるの術は、我を益するに非ずして他人を損ずるに在り（第13編）

意味 反省もせずに他人に多くを求める。そして、その不平を解消して満足する方法は、自分に得になることではなく、他人に害を与えることにある

解説 「同期が自分より早く昇進した」「友人ばかりヒイキされる」。そんな状態が続くと、人は相手を貶めることに意識が働きます。ですが、それでは何の解決にもなりません。自分以外の誰かを羨ましく思ったときは、自分に何が足りていないかを考え、自分の行動を見直すことです。それが、不満から脱却する一番の近道といえるでしょう。

自由と我儘《わがまま》との界《さかい》は、他人の妨げをなすとなさざるとの間にあり（初編）

意味 自由と我儘の境目は、他人の害になることをするかしないかにある

解説 「自由」という言葉は、人によって「自分勝手」「我儘」とも解釈できます。つまり、声高に自由を主張するときは、必ず「責任」も考えなくてはいけません。自分の振る舞いが、他の人の妨げになっていないかを意識することが大切です。

人には各々意思あり。意思はもって事をなすの志を立つべし（第8編）

意味 人にはそれぞれ意思がある。意思によってことをなそうという気持ちがわくのだ

解説 江戸時代、身分の上の者に従うのは絶対でした。そのため、「違う」と異を唱えた福沢の思想は、非常に斬新なものでした。

この考え方は仕事にも通ずるところがあるはずです。たとえば、上司の指示にただ従っているだけでは、自分で考えて行動しているとは言えません。「なぜ、そうすべきか」を明確にして、自ら判断していくことが成長につながっていくのです。

人に交わらんとするには啻《ただ》に旧友を忘れざるのみならず、兼ねてまた新友を求めざるべからず（第17編）

意味 人と交際しようと思えば、ただ旧友とのつきあいを忘れないだけでなく、さらに新しい友人を求めなくてはならない

解説 これまでと同じ交友関係の中でだけ人付き合いをしていては、たいした変化は生まれません。

自分とは違う価値観の人と積極的に関わっていくことで、新たな発見や気づき、自分の成長につながるヒントが見つかるのです。

第4話

学ぶとは

～賢人と愚人との別は、
学ぶと学ばざるとに由って出来るものなり～

諭吉や適塾の学生たちの勉強ぶりに触れて、
自分の人生や生き方を振り返る造。
そんな時に、あの浪人と出会ってしまう―。

1857年 春
こんちは
ガラ
これ 緒方先生の処方した薬です
ハイ
おおきに
スピー
緒方先生に宜しく伝えておくんなはれ
はい お大事に
俺は少しずつこの時代の生活に馴染んでいった
諭吉は22歳で適塾最年少の塾頭になった
一緒に時間を過ごしてみると塾生にせよ諭吉にせよなかなかふざけたところのある男たちだった

塾生で花見をしたときには…
諭吉 うまいぞ! この煮付け
酒が進んで仕方がない
キラ キラ キラ
え これ全部塾頭が作ったんですか!
手伝ってはもらったがまあほとんどそうだな
おぉー
遠慮せず食えよ新入生! ほら三田も飲め飲め
…?
向こうの空が赤いな
ありゃ道頓堀の方だ

夕焼けだろ
火事じゃないか？
ここから見えるとしたら相当な火事だぞ
道頓堀といや……長与（長与専斎）が芝居見物に行ってるんじゃないのか？
よし助けに行こう！
道頓堀？マジで？結構距離あるけど
たったの二里や三里だ大したことない行くぞ！
ぐっ
一里4キロぐらいだから……8キロ12キロ！
おりゃー
ドドド
……大したことあるだろ！

ゼー ゼー
こりゃあ ひどい
芝居小屋が 跡形もないぜ
長与は どうしたかな
こうなると 骨になったか それとも逃げたか……
まあ いずれにせよ 我々に今できることは 特にないということだな
見物でも していくか
のんきな やつらだ…
フウ フウ
あっ 手伝いますよ
おおきに
みんな 荷物持ってやれ
ちょっと 兄さんたち!

これ引っ張って
おくんなはれ！
よしきた！
ヒキ
ヒキ
ヒキ
!?
何これ？
家の柱に
綱を付けて
引き倒すんだよ
それで
燃え広がるのを
防ぐんだ
そーれ！
もっと
引け！
ドオオオーン

ありがとうございます！お礼にこれどうぞ
おぉー
善行は気持ちの良いものだな
ハッハッ
見物とか言ってたくせに…
別の日にはこんなこともあった
よう三田 今からいたずらするぞ
おい中津屋敷で鯛の味噌漬けをもらってきたから食わないか
えっ！ふ、ふぐ!?
食物の消化時間は知ってるだろう今吐き薬を飲んだって無駄だぞ
悪趣味ないたずらだなー……

さーて勉強するか
ズッ
酔って勉強して頭に入るのか？寝れば？
いやこんなの酔ったうちには入らない
お前こそ寝ろよ明日も早いんだろ
ほんとに勉強が好きなんだな感心するよ
……
ヅーフ部屋

おい福沢
北の新地にいい女がいるんだが一緒に行かないか
いやだね
私は忙しい
なんだ自信がないのか？
俺となら大丈夫だって
はお前の百倍はモテてみせるぞ
だが登楼はしない
清浄潔白が家風なのでな
ひっく
やれやれ大体お前は何でもそうだ理屈をこねくりまわしてばっかりで

開国だとか平等だとか…
ピタ
常々思ってたんだがお前には侍らしさが足りない
理想を語って何が悪い
侍らしさって何だ
国を閉ざして見て見ぬふりをすることか？
攘夷派の浪人のように考えや立場の違う人間を無闇やたらに切り殺すことか？
世界中どこでも人間は同じで同じ権利を持って生きている
互いに尊重しあうことがどうしてできないんだ
おい おい
俺はれっきとした武家の出でそんな自分に誇りも感じているだが だからって自分の感情や思想を曲げるつもりは毛頭ない
わかったもういい
ガルルル

一人でずっと勉強してればいいさ
おい諭吉
何してるんだ?
……私の言っていることはそんなにおかしいか
何も奇をてらっているわけではないんだ
何言ってるんだ急に
なんでもない…ゆうべ飲み過ぎたらしい
…

三田…
私はしばらく独り言を喋るが
聞いてくれるか…
うん
最初はただ外に出たくて長崎に行った中津藩はとにかく窮屈だった
大人から子どもまで貴賤の区別がうるさくて実力なんか関係ない
ものを言うのは身分なんだ
ばかばかしい
富強の勢いをもって貧弱なる者へ無理を加えんとするは有様の不同なるが故にとて他の権理を害するにあらずや（第2編）
人望は固《もと》より力量に由《よ》って得べきものに非ずまた身代《しんだい》の富豪なるのみに由って得べきものにも非ず（第17編）

出世や仕官なぞ望んじゃいなかったし
勉強だって好きでも嫌いでもなかった
学び続けたのは
中津に戻らぬためだった
蘭学を学んでいる事も成り行きだ
笑ってくれ全く前向きとはいえない学習動機を
……
ただ……それでも段々見えてくるものがあったんだよ
賢人と愚人との別は学ぶと学ばざるとに由《よ》って出来《いでく》るものなり（初編）ただ学問を勤めて物事をよく知る者は貴人となり富人となり無学なる者は貧人となり下人となるなり（初編）
しかし塾のやつらに話してもなかなか……難しいものだ

信の世界に偽詐《ぎさ》多く疑《ぎ》の世界に真理多し（第15編）信疑の際につき 必ず取捨の明《めい》なかるべからず蓋《けだ》し学問の要はこの明智を明らかにするに在るものならん（第15編）
別にいいんだ理解なんて求めていない
この時代でそれだけ見通す力を持つというのは……孤独にもなるんだろうな
俺この時代の常識はわからないけど
お前は正しいと思うよ
少し先を急ぎすぎてんだ
そのうちみんな世界を知って様々な国の人々がついてくるはずだよ
大丈夫！未来にも充分通じるからさ
……いつもと立場が逆になった
え？
こっちが手を差し伸べる側だったのに
まあ俺年上だし

おきぬちゃん
夕飯の支度がすんだら三田を借りるよ
わたしに断らなくても…
ははは
約束事でもあると悪いからな
福沢さんたら…
牛鍋
牛鍋
上下関係は残ってるこの時代でもあるだろ殿様に家老下級武士みたいな
そうか
門閥制度は親の仇だが何もすべてを否定はしない
……未来のこの国はどうなってるんだ?
身分制度はまだあるのか?
虚名とあれば上下貴賤悉皆《しっかい》無用のものなれどもこの虚飾の名目と実の職分とを入替にして職分をさえ守ればこの名分も差支《さしつかえ》あることなし
(第11編)
身分肩書は意味がないが中身の職分さえしっかり守ればそれは十分通用する
確かにね
ぐつぐつ

一軒の家を守る者あれば過分の働きをなしたる手柄もののように称すれどもこの人はただ蟻の門人と言うべきのみ生涯の事業は蟻の右に出るを得ず（第9編）
家を持ち守れば立派というわけじゃないそんなのは蟻の弟子みたいなもんだ
デシニシテクダサイ
？
もっしゃ
もっしゃ
ハフ
ハフ
蟻じゃなくなるにはどうしたら良い？
夢を持つことだよ三田お前の夢はなんだ？
俺？
俺は別に…
おきぬちゃんがお前と所帯を持ちたいって
ブッホ
おおきぬちゃんが？
ニヤ
ニヤ
…って言ったらどうする？

からかうなよ…
それより お前の夢は？
私は…… 塾を作りたい
これから 国民皆学の時代が 来るからな
適塾みたいな？
どうかな たとえば地理学や 究理学 歴史や 経済学といった 学問を教えるような ものにしたいんだ
お前なら できるよ
しかし 金がない
開設後の 維持費や 人件費も…
授業料で なんとか なるんじゃないの？
じゅぎょう りょう？
？
お前だって 払ってるだろ 緒方先生に 月々いくらって
……いや
先生には入塾の際に お金とか物だとか 何かしら納めるだけだ 余裕のある家は 盆暮れにも 包んでいるようだが
おっと

へぇ この時代って そんなに 適当なんだ
おおきに
一律に 決めちゃえば?
一律…
そんなやり方は 聞いたことないが…
ふむ
私は酒屋に 行くよ
俺はもう帰る 明日な
夢か……
夢はあったよ 俺だって
何気なく付けた テレビの ドキュメンタリー……
むくっ

すごくいい番組だった
その番組を作ったのが今の会社
就職して入った時はそりゃ嬉しかった
だけど思った通りに物事は進まなくって
こんなのお前に話したってわからねえだろ諭吉
この時代に映像はないんだから
ハァ…
異人め…
今度は逃がさぬ

ニヤリ

ハァ
ハァ
うおおお

第4話

学ぼう！諭吉の言葉

人望は固《もと》より力量に由《よ》って得べきものに非ず、また身代《しんだい》の富豪なるのみに由って得べきものにも非ず（第17編）

意味 人望とは実際の力量で得られるものではないし、また財産が多いからといって得られるものでもない

解説 信用とは、日頃の積み重ねによって築かれるものです。力があったところで、世間の人がその通りに評価してくれるとは限りません。

福沢諭吉は、「信用」は知性と正直な心という徳によって次第に獲得していくものだと説明しています。

ただ機会を待っているだけではなく、自分から手を挙げてやれることをアピールするのも、信用を築く一歩となるのではないでしょうか。

賢人と愚人との別は、学ぶと学ばざるとに由《よ》って出来《いでく》るものなり（初編）

意味 賢い人間とそうでない人間の差は、学ぶか学ばないかで決まる

解説 「賢い人間と愚かな人間の違いは、学問をしたか、しないかによる」と福沢諭吉は述べています。

つまり、すべての人はみな同じスタートラインに立っていて、その後はきちんと学んだかどうかで社会的地位や身分に差がついてくるといえるのです。

ただ学問を勤めて物事をよく知る者は貴人となり富人となり、無学なる者は貧人となり下人となるなり（初編）

意味 しっかり学問をした、物事をよく知っている人は、社会的地位が高く豊かな人になり、学ばない人は貧乏で地位が低い人になる

解説 収入や社会的地位は、「学」のあるなしで左右

されます。法律の知識を身に付ければ、弁護士にも検察官にもなれますが、知識がなければ、どちらの職にも就けません。勉強をしたかどうかが、将来の選択肢にも大きく関わるのです。

信の世界に偽詐《ぎさ》多く、疑《ぎ》の世界に真理多し（第15編）

意味 信じることには偽りが多く、疑うことには真理が多い

解説 自分が正しいと思っていたことが、じつは誤りだった。そんなことは珍しくありません。相手とのトラブルを避けるためにも、「自分は正しい」という考え方をいったんやめてみると、意外な事実が見えてくるかもしれません。

信疑の際につき必ず取捨の明《めい》なかるべからず。蓋《けだ》し学問の要は、この明智を明らかにするに在るものならん（第15編）

意味 信じる、疑うというときには、取捨選択のための判断力が必要なのだ。学問というのは、この判断力を確立するためにあるのではないだろうか

解説 医師が診察をして適切な処置を施せるのは、きちんと医学を学んだからです。つまり、判断に迷わないための根拠を勉強によって身に付けたからともいえます。

専門知識を有する仕事はさまざまですが、いずれも学ぶことで、いざというときの判断力が養われます。学問こそ周囲に流されないための術なのです。

虚名とあれば上下貴賤悉皆《しっかい》無用のものなれども、この虚飾の名目と実の職分とを入替にして、職分をさえ守ればこの名分も差支《さしつかえ》あることなし（第11編）

意味 身分肩書はすべて意味がないものだが、このうわべだけの名目と、実のある「職分」（自分の立場による責任）を入れ替え、その中身の職分さえしっかり

守れば、身分肩書もちゃんと通用する

解説 たとえば、社内で立派な肩書を持っていたとしても、社外ではまるで通用しません。肩書にとらわれず、責任ある行動を心掛ければ、自然と周りがあなたを認めるようになり、肩書以上の評価をしてくれるようになるのです。

一軒の家を守る者あれば過分の働きをなしたる手柄もののように称すれどもこの人はただ蟻の門人と言うべきのみ。生涯の事業は蟻の右に出るを得ず（第9編）

（一軒の家を守る者あれば、自ら独立の活計を得たりとて得意の色をなし、世の人もこれを目して不羈《ふき》独立の人物と言い、過分の働きをなしたる手柄もののように称すれども、その実は大なる間違ならずや。この人はただ蟻の門人と言うべきのみ。生涯の事業は蟻の右に出るを得ず

意味 マイホームを持ち、守る者があれば、並以上の働きをした立派な人のように言われるが、この人はただ蟻の弟子というくらいのものだ。生涯やったことも、蟻を超えることができない

解説 この文章は、福沢諭吉が故郷の友人に送ったもので、「ただ働いて死ぬだけの蟻のような一生を送るな」という意味です。もちろん家族を持ち、そのために働くのは尊いことですが、それだけでは人間に生まれた意味が見出せません。「良い生活をする」「良い会社に入る」といった自分の人生だけを考えるのではなく、世の中の役に立とうとする意欲や気概が、人としての成長につながるのです。

第5話

友情

～人に先って事をなすは
正にこれを我輩の任と言うべきなり～

またしても、造はタイムスリップしていた。
今度は、江戸ではなく、明治時代の東京。
42 歳の諭吉が『学問のすすめ』を発行したことを知る—。

逃げないと…
こんなところで死んでたまるか!
あそこまで行けば大丈夫か…?
ぷはっ

なんだ
こりゃあ…⁉
建物も
道路も
街灯まである
西洋風に
様変わり
してる
江戸の街じゃ
ないのか⁉
じろ
じろ
じろ
……
ひとまず
この場を
離れよう…

學問ノスヽメ
第十七編
発売中
「学問のすすめ第17編」……
ってことは今は明治の頃か
えーっ無い!?
外には発売中って貼り紙が…
あいにく今しがた売れてしまって
じゃあ次!次はいつ入荷するんですか!?

本一冊を
あんなに
熱心に…
諭吉が
知ったら
喜ぶだろうな
わあ!!
どうしたんですか
こんなところで
ずぶ濡れで
あっ
いやその
話せば長く
なるんで
気にしないで
おかまい
なく…
へっくし!!
そんな格好じゃ
風邪を引きますよ
どうぞ
僕の家が
すぐそこですから
いや
ほんと
大丈夫…
ぶえっくし!!

よかった
ピッタリですね
ご親切に
すみません
助かります
困った時は
お互い様
ですから
とはいえ
僕はそろそろ
学校へ行く
時間ですが…
あじゃあ
俺も
ス…
お茶を
淹れましたよ
入ってもいい？
母上！
有難う
ございます

つく……三田さん！
え？
？
──きぬです中津の…
ご無沙汰しております
まさかまたお目にかかれるなんて
ええっおきぬさん!?
？
まさか息子さんだったとは…
俺大阪にいたんだ
ああその時に母と
うんすごく親切にしてもらったよ

俺にとって昨日のことがもう20年前の出来事だなんて
でも幸せそうでよかった
あれ？まさか三田さん母のこと
ハハハいやいやいや
そんなことより…『学問のすすめ』ってそんなに面白いの？
もちろん！
まさか　三田さん読んでないんですか？今一番話題の本ですよ！
ん～ちょっとはかじったけど…

初編は22万部出たそうです日本の人口が3500万だから…
大体160人に一人は買った計算になりますね
お陰で毎回入手困難で難儀してます…
そんなにいい本なの？
売切
學問ノスゝメ
もー
それはもう！とにかくためになるんです
例えば…
人たるものはただ一身一家の衣食を給しもって自ら満足すべからず
人の天性にはなおこれよりも高き約束あるものなれば人間交際の仲間に入りその仲間たる身分をもって世のために勉むるところなかるべからず（第10編）
「人間は衣食住の安定だけで満足するのではなく社会の一員として社会の発展に尽くさなくてはならない」という意味です

あ ピンと来てないみたいですね
うーん…
じゃあ これなんか どうかな
他人の働きに嘴《くちばし》を入れんと欲せば 試みに身をその働きの地位に置きて躬《み》自《みず》から顧みざるべからず
或いは職業の全く相異なるものあらばよくその働きの難易軽重を計り異類の仕事にてもただ働きと働きとをもって自他の比較をなさば大なる謬《あやまり》なかるべし（第16編）
これは「他人の働きに口を挟もうと思うなら自分をその働きの地位に置いて――」
！
虚名とあれば上下貴賤悉皆《しっかい》無用のものなれどもこの虚飾の名目と実の職分とを入替にして職分をさえ守ればこの名分も差支《さしつかえ》あることなし（第11編）
あいつ前からそんなこと言ってたなあ…

あいつ…変わってないんだなあ
ねすごいでしょう
じゃあ君は慶應の…
はい慶應義塾の学生です！
その人の学校で学べるなんて本当に幸運です
じゃあ僕はここで
その着物は差し上げますのでお気になさらず
良かったらまた遊びに来てくださいね
──そうか

ここがあいつの学校か…!!
着きましたよ旦那
キッ
ありがとう

!!
三田造！
あっ
すんません
俺ここの
学生じゃ……
え？
私だよ
福沢諭吉だ！
福沢諭吉　42歳
え————っ!?
どうぞ

まさか
こんなところで
コーヒーが
飲めるとは…
ははは
なかなか
珍しい物なんだが
やはり知ってたんだな
さすが
未来人
コーヒーよりも
この状況に驚いたよ
昨日まで適塾で
わーわー
やってたのに…
昨日?
俺にとってはね
浪人に追われて
川に飛び込んだら
明治時代の
ここにいたんだ
それじゃ
さぞかし
驚いただろう

驚いたといえば おきぬちゃんに 会ったよ！
ここに来たのも 息子さんに 連れられてね
ああ 慶應学生 だからな
すごいよなあ こんなに 立派な学校を 建てるんだもんな
「授業料」の お陰だよ
「生徒から平等に 学費をもらう」 お前に言われた時は 驚いたものだが よく考えると 合理的だ
国立にする案は なかった のか？
いや 国の金は 使いたくない
そういう もんか…
俺でも 見違えたし 今が幸せの絶頂 なんじゃないか？

まだまだ
これからだよ
みんなの意識が変わることが大切なんだ
そうしないと国が倒れてしまう
愚民の上に苛《から》き政府あれば良民の上には良き政府あるの理なり
故に今我日本国においてもこの人民ありてこの政治あるなり（初編）
自由独立の事は人の一身に在るのみならず一国の上にもあることなり（初編）
鎖国をやめた日本は欧米列強にとってよちよち歩きの赤ん坊みたいなもの
力をつけなきゃ潰されてしまう

だからこそ書き続けることで警鐘を鳴らしているんだが…
なかなか…特に平等意識というものが浸透しない
……諭吉は本当にすごいよ
この時代にそんなこと言うのは勇気要るだろ
まあそれなりに危ないこともあるけどね！
ははは
やっぱあるんだ
人に先《さきだ》って事をなすは正にこれを我輩の任と言うべきなり（第4編）
率先して例を示すのが責任というもの
私はその役目を楽しんでいるよ
それならよかった
コンコン
先生

勝さんのお使いという方が見えていますが…
待たせてください
勝…って勝海舟!?
いやそっち優先でしょ俺なんかより
ズズ・・
構わん構わん
無芸無能
僥倖《ぎょうこう》に由《よ》って官途に就き
慢《みだり》に給料を貪って
奢侈《しゃし》の資《もと》となし
戯《たわむ》れに天下の事を
談ずる者は
我輩の友に非ず
（第4編）
咸臨丸であいつ大変だったんだ…
何があったんだ…
十人に遭うて一人の偶然に当らば
二十人に接して二人の偶然を得べし
（第17編）
十人に会ってそのうち一人が生涯の親友になるなら二十人に会って二人の親友を得よ さ
まあ大勢とつきあえば中にはああいう面白いのもいるわな
ハハハ
大人だなァ…

そうだ！写真屋を呼んでください
えっ今ですか？
今です！
使いの方待たれてますよ
まあまあいいでしょ
三田 写真を撮ろう 記念に一枚いいだろう？
いいのかしら…
カシャ

このお魚おいしいね
ほらほらこぼしてる
ワイワイ
父上のお友達なのにお若いんですね
こらっ
三田さんもどんどん召し上がってくださいね
あっすみませんいただいてます
賑やかな食卓だなぁと思って…
うちはいつもこうなんです
ねぇ
ああ
幼い子どもにあれしろこれしろと言っても仕方ない
ある程度までは自由にさせるよ
我が家の家風というやつかな
温かい団らんというものが大事だと思うんだ

『学問のすすめ』
大ヒットに
慶應義塾の理事長
にもなって
すっかり時の人に
なったはずなのに
印象が変わらない気がする
学んで
学んで
努力をして
成果を得て
それでもなお
目指すものに
対して
熱く語る
ぶれない芯が
あるからか…
理想があるって
いいなあ

第5話

学ぼう！諭吉の言葉

人たるものはただ一身一家の衣食を給しもって自ら満足すべからず、人の天性にはなおこれよりも高き約束あるものなれば、人間交際の仲間に入り、その仲間たる身分をもって世のために勉むるところなかるべからず（第10編）

意味 人間たる者は、ただ自身と家族の衣食を得ただけで満足してはならない。人間にはその本性として、それ以上の高い使命があるのだから、社会的な活動に入り、社会の一員として世の中のためにつとめなければならない

解説 ただ生活ができればそれでいい。そんな考え方を多くの人がしてしまうと、社会は成り立たなくなります。会社の規模や給料といったステータスではなく、「誰のために、どう役立てるか」を考えることで、より高い活躍ができるようになるのです。

他人の働きに喙《くちばし》を入れんと欲せば、試みに身をその働きの地位に置きて躬《み》自《みず》から顧みざるべからず。或いは職業の全く相異なるものあらば、よくその働きの難易軽重を計り、異類の仕事にてもただ働きと働きとをもって自他の比較をなさば大なる謬《あやまり》なかるべし（第16編）

意味 他人の働きに口を出そうとするならば、試しに自分をその働きの立場において、そこで反省してみなければいけない。あるいはまったく職業が違って、その立場になれない、というのであれば、その働きの難しさと重要さを考えればよい

解説 他人がやることを物足りなく感じるなら、自分がその仕事を引き受けてみましょう。「こんな仕事は簡単」「私がやるべき仕事ではない」と思っていても、実際は苦労が多いもの。やってみるといろいろなことがわかるはずです。もしかすると、意外なやりがいを見つけるかもしれません。

愚民の上に苛《から》き政府あれば、良民の上には良き政府あるの理なり。故に今、我日本国においてもこの人民ありてこの政治あるなり（初編）

意味 愚かな民の上には厳しい政府があるとするなら、良い国民の上には良い政府がある、という理屈になる。今この日本においても、このレベルの国民だから、このレベルの政府があるのだ

解説 学ぶ人が増えてくると、一人ひとりに判断力がつくので、国がおかしなことをやろうとしても、きちんと抗議できます。抑止力になるのです。

勉強する意味とは、自分の頭で考え、物事を判断する力を得ることです。「バカでもいい」「お金さえ儲ければいい」という価値観が主流になったとき、私たちの未来は真っ暗なものになってしまいます。

自由独立の事は、人の一身に在るのみならず一国の上にもあることなり（初編）

意味 自由独立というのは、個人だけのことではなく、国においても言えることだ

解説 福沢諭吉が生きた時代、日本は欧米列強の圧力下にありました。日本を対等な独立国として認めさせるためには「国の格」が必要で、それを国民の努力によって成り立たせたのです。

相手から認めてもらい、対等な立場で交渉するためには独立の気概を持てというのが、福沢諭吉のメッセージです。これはおそらく、仕事でもプライベートでもすべてのことに通じてくるのではないでしょうか。

人に先《さき》だって事をなすは正にこれを我輩の任と言うべきなり（第４編）

意味 人に先立って事をなすのは、まさにわれわれの使命というべきだ

解説 リーダーというのは先頭に立って道を切り開いていく存在ですから、苦労が多いもの。人が切り開い

たあとを歩こうとしても、新しい発見や進歩は生まれません。ビジネスでも、人がやっていない分野に挑戦する気概が大切です。

いつの時代も新たなことにチャレンジできる人が成功をつかむものです。

無芸無能、僥倖《ぎょうこう》に由《よ》って官途に就き、慢《みだり》に給料を貪って奢侈《しゃし》の資《もと》となし、戯《たわむ》れに天下の事を談ずる者は我輩の友に非ず（第4編）

意味 能力も技術もないのに、運がいいだけで官の仕事について、みだりに給料をむさぼってぜいたくをし、それでいて軽い気持ちで天下国家を語っているような者は、われわれの仲間ではない

解説 福沢諭吉は、なりゆきで仲良くなった人ではなく、夢や目的でつながっている人を友と呼ぼうと言っています。人は生まれ持った才能以上にモチベーションが大事です。やる気がある人が集まっている環境に身を置けば、自分も上を目指そうという気持ちになるものです。

十人に遭うて一人の偶然に当らば、二十人に接して二人の偶然を得べし（第17編）

意味 十人に会って偶然ひとりに当ったならば、二十人と会えば偶然ふたりを得るだろう

解説 人の悩みごとの大半は、「人間関係」です。

たとえば、職場に相性の悪い人がいると、ついついその人の言動に目が行きがちですが、そんなときはむしろ、視点を変えて、気が許せる仲間がどれだけいるかを考えてみてください。

もし、気が合う仲間が一人しかいなければ、より多くの人と出会っていくことに意識を向ければいいのです。出会いが増えれば、その分、仲間と巡り合うチャンスも増えます。ぜひ広く交際し、新しい友人を増やしていきましょう。

エピローグ

独立

～独立とは、自分にて自分の身を支配し、他に依りすがる心なきを言う～

諭吉のひたむきな情熱に触れ、
仕事に、人生に、真面目に向き合うことに決める造。
今度は、現代の東京に諭吉が現れて―。

ピピピピピピ
ピッ
…
むく
ガチャ

あれっ お兄ちゃん
髪黒く したんだ？
パラ
俺 昨日何してた？
月16日(
？
仕事行って いつも通り 遅く帰って きたんじゃない？
？

変なの！
行ってきまーす
行ってらっしゃい
また後でね
はあい
この前の繰り返しだ…
元に戻ってる…
今日あの子三者面談なのよね
知ってる
あら言ったっけ
「悩んで決めても結局 家庭環境か永久就職先次第だよね～」なんて言うのよ

うちの子兄妹そろってパラサイトになるのかしら…
はー
……ごめん
え？
……甘えてごめん
でも俺このままでいいと思っちゃいないから
造…
行ってきます
バタン
別の意味で心配…
熱ないから！
ムム…

制作会社
K
おい三田！
午後の収録店に挨拶したか？
はい！
店は名刺もらいました
道路使用許可もちゃんと
……
ピタ
ならいい
他に仕事ありますよね！
ああ…これとこれ頼む
ドサ
はい
カリ
カリ
？

○×書店
解説付
学問のすすめ
福沢諭
なんで俺は
最初っから
あきらめてたんだろう
ただ
めんどくさがっていた
だけじゃねえか
仕事も人生も

BISTRO
それじゃ本番行きまーす
ん――！お口の中でおいしさが駆けめぐっています！
それではお店の方にお話を…
仕事は仕事
馬鹿にせず手を抜かずにやればこれも経験として積み重なるはず
どこだっけ次？
渋谷です ちょっと待ってください 車持ってきますんで

制作会社 K
ガチャ
ヨロ
お疲れー
はーー
お疲れ様です
どうだった
問題なし？
はい
無事に
……急にどうした？
なんか
頑張ってるじゃん
え
前からこう
ですけど
そうだっけ？

前は見るからにやる気ない感じだったぞ
ギク
ドキュメンタリーやりたくて入ったんじゃ無理もないけどさ
ばれてたのか…
でもなー
仕事は仕事なんだよ
俺さー「テレビが仕事って楽しそうでいいよね」とかよく言われるけど
プシ
だけどさあ……中にいると違うよな
結局は人間関係だったり地味な仕事の積み重ねで

そこだけ見れば他の会社と同じだったりする
見た目や華やかさに惑わされてるうちは学生に毛が生えた程度のもんだよな
……
……そうですよね 俺 就職して自分が大人になった気がしてたんです
気持ちは何も学生の頃と変わってなかったのに
そういう気付きが最初の一歩だよ
やりたいことがあるんならそれは忘れずに
成長してけばいいんだよ
いつかチャンスは必ず来る
あきらめんな
……はい

あと5分
せ川番号50までの
かたー
ふう
三田造……
はい

わかるか？
私だよ
福沢諭吉だ
諭吉!?
マジ？
久しぶりに
お前に
会えて嬉しいよ
そっちでは
随分時間が
経ったみたいだな
ああこの通り
だいぶ歳をとった
ニィ

どうしてここに？
それはわからない……
お前と同じことがきっと私の身にも起こったんだ
ここがお前の暮らす未来か…
そう２０１６年の東京だよ
ああ…夢がかなったなあ
未来を見たいずっとそう願っていたんだ
これで悔いなく逝ける……
いや それは嘘だな まだまだやりたいことがあった
しかし私はもう死ぬ
諭吉…
本気にしたな
ニヤリ

お前歳くっても相変わらずだな！
はっはっ
独立とは 自分にて自分の身を支配し他に依りすがる心なきを言う（第3編）
独立の気力なき者は必ず人に依頼す人に依頼する者は必ず人を恐る人を恐るる者は必ず人に諛《へつら》うものなり（第3編）
常に人を恐れ人に諛《へつら》う者は次第にこれに慣れその面《つら》の皮《かわ》鉄の如くなりて恥ずべきを恥じず 論ずべきを論ぜず人をさえ見れば ただ腰を屈するのみ（第3編）
……読んだのか
おっ
読んだよ ちゃんと『学問のすすめ』

諭吉はずっとぶれずに同じことを言い続けてたんだな
……あの時お前が正しいと言ってくれたから私は私で居続けられたんだよ
俺この時代の常識はわからないけどお前は正しいと思うよ
礼を言うよ
いやあ……
はっ
スゥー
……諭吉？

錦…
写真をとってくれ…
はい
あなた
面白かったなあ…
パタ
スゥ…

ザワ・・・
その後 俺は馬場との
飲み会をやり直し――
おまたせ!
オレも
今きた
今度は 嫌なことを
言わずに済んだ
チーン
・・・
・・・!?
ガチャ
あはは

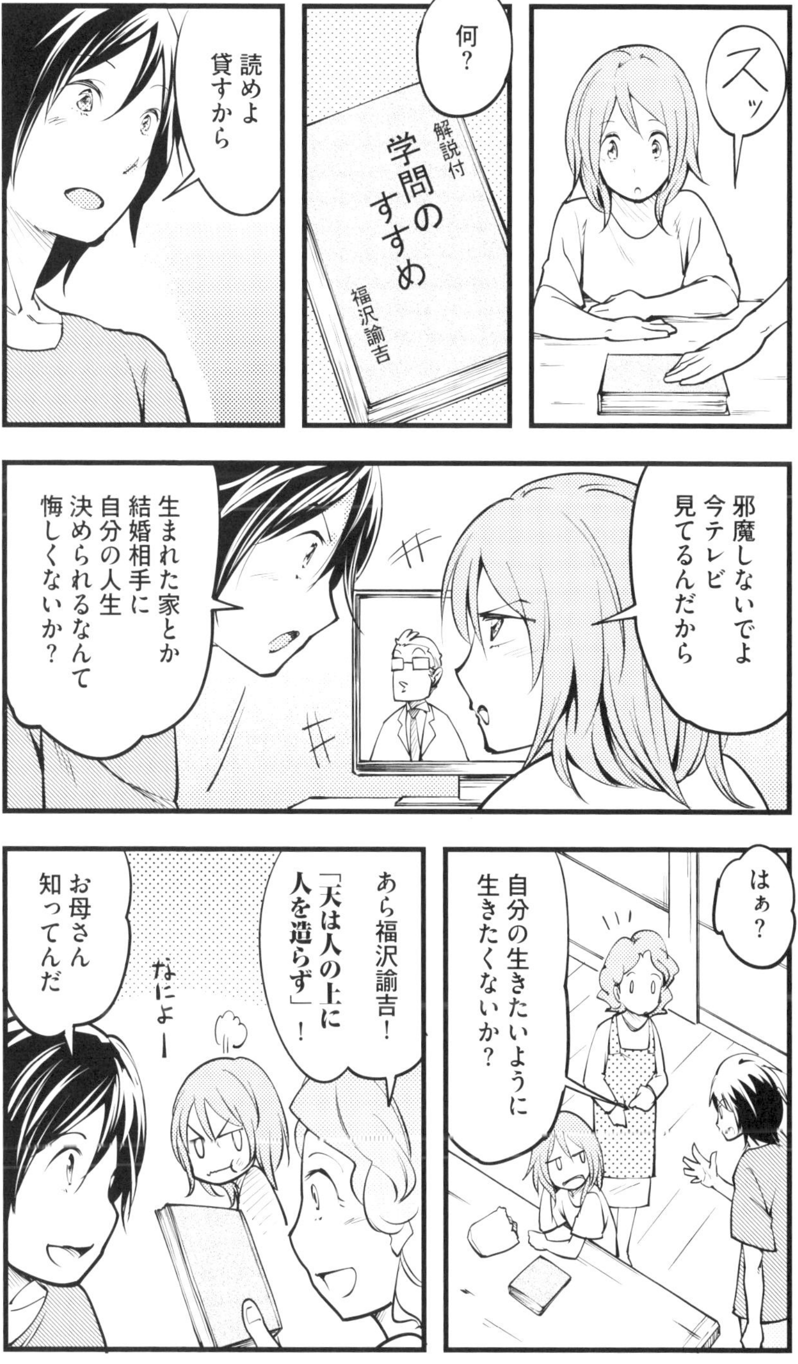
スッ
何?
解説付
学問のすすめ
福沢諭吉
読めよ貸すから
邪魔しないでよ今テレビ見てるんだから
生まれた家とか結婚相手に自分の人生決められるなんて悔しくないか?
はぁ?
自分の生きたいように生きたくないか?
あら福沢諭吉!「天は人の上に人を造らず」!
なによー
お母さん知ってんだ

あなたの名前の由来です
解説付
学問のすすめ
!!
あのお墓参りの花を…
はい
すみません細かいのなくて……
大丈夫ですよ
麻布山善福寺
何でも周りのせいにして言い訳ばっかする生き方はもうやめだ
人は変われる…そうだよな

どういうこと…？
私のこと
見てるんだけど
この諭吉…
…
諭吉 みててくれよ
はっ
はっ
はっ

エピローグ

学ぼう！諭吉の言葉

独立とは、自分にて自分の身を支配し、他に依りすがる心なきを言う（第3編）

意味 独立とは、自分の身を自分で支配して、他人に依存する心がないことを言う

解説 みなさんは何か困ったことがあったとき、すぐ人に頼っていませんか。人に頼るばかりでは困難を乗り越える力は身につきません。

自分で物事を考え、判断していくというのは、いわば、生きる力を養っているともいえるのです。

人生でどうしていいか困ったときには、まず自分の頭で考えてみましょう。正しいかどうかを考える必要はありません。仮説を立て、解決策を導く。そのうえでその考え方が正しいかどうかを、周りに聞き、アドバイスをもらうようにしましょう。

独立の気力なき者は必ず人に依頼す、人に依頼する者は必ず人を恐る、人を恐るる者は必ず人に諛《へつら》うものなり（第3編）

意味 独立の気概がない者は、必ず人に頼ることになる。人に頼る者は、必ず人を恐れるようになる。人を恐れる者は、必ずその人間に諛うようになる

解説 前述した通り、自分の力で困難を乗り越えようとする気持ちがなければ、人は必ず他人に依存します。依存する相手の顔色ばかりをうかがい、ご機嫌取りのようになってしまいます。

ですが、はたして、このような人が社会で成功していけるでしょうか？　部下や後輩、若手を率いて、これからの時代を担っていくことができるでしょうか？

答えはＮＯです。社会で生きていくためには、自分の足で立って歩いていくことが求められます。

これは仕事でトラブルが起きたときも同様です。

上司と相談することは大切ですが、自分でも「何を

すべきか」「何をしてはいけないのか」を考え、自分なりの答えを出しましょう。

そのようにして答えを出したうえで、上司や先輩に「○○の件について、自分は×××のように考えましたが、いかがでしょうか」などと尋ねてみるべきです。

常に人を恐れ人に諛《へつら》う者は次第にこれに慣れ、その面《つら》の皮《かわ》鉄の如くなりて、恥ずべきを恥じず、論ずべきを論ぜず、人をさえ見ればただ腰を屈するのみ（第３編）

意味 常に人を恐れ、諛う者は、だんだんとそれに慣れ、面の皮だけが厚くなり、恥じるべきことを恥じず、言うべきことを言わず、人を見れば卑屈になるばかりである

解説 「空気を読む」という言葉があります。

自分の意見は言わず、他者の考え方に同調することを指しますが、この考え方がいき過ぎてしまうと、主体性がなくなってしまいます。

もちろん、仕事やプライベートで仲間の意見を尊重するのはとても大切なことです。ただし、自分の意見を持たず、ただ他人に従ってしまうだけだと、何が正しくて、何が間違っているか、自分で物事を見極める力がなくなってしまいます。

福沢諭吉が『学問のすすめ』で伝えたかったのは、学問をすることで、自分の足で立って、考え、行動する力を養うこと。学問を通じて、人は生まれながらの状況や立場を変えていけるということです。

本書の主人公、三田造は仕事をしていくなかで徐々にやりがいや目的を見失い、何のために働くのか、何のために生きるのかに迷っていました。ですが、福沢諭吉との出会い、多くの人との交流を通じて、自分の働く意味、生きる意味を見つけました。

私たちも忙しさに身を任せていると、いつしか、何のために働くのか、何のために生きるのか、その方向

を見失ってしまうことがあります。

ですが、そんなときこそ、今、目の前に与えられたことを全力でこなしていけばいいのです。すると、いつしか、そのときの経験が自分の成長の糧となり、財産となっていくのです。

福沢諭吉　年譜

◆1835（天保5）年　0歳
大阪で中津藩藩士の末子として生まれる。

◆1836（天保7）年　1歳
父の百助が死去。母と一兄三姉とともに中津（現・大分県中津市）に移る。

◆1853（嘉永6）年　18歳
浦賀にペリー来航。少年期の福沢は、幼い頃から飲酒を覚え、手内職で家計を助け、学問を志すのはやや遅かった。武芸は居合い抜きを修め、また按摩を修業するなどもした。

◆1854（安政元）年　19歳
ペリー再来航。蘭学修業のために長崎に。オランダ流砲術家の食客となり、蘭学を習う。

◆1855（安政2）年　20歳
大阪の緒方洪庵の適塾に入門。

◆1856（安政3）年　21歳
兄の三之助が死去。家督を継ぐが、適塾の食客生として大阪に暮らす。化学、科学、物理学など多方面にわたって学ぶ。翌年、塾頭となる。

◆1858（安政5）年　23歳
日米修好通商条約が成立する。江戸に赴き、中津藩中屋敷内に蘭学塾を開く。これが慶應義塾の元となる。

◆1860（万延元）年　25歳

前年よりオランダ語をやめ、英語の習得に励む。通商条約批准書交換のため、アメリカに向かう咸臨丸に司令官の従僕として乗り込む。1月に出港し、2月サンフランシスコ到着、3月同出港、途中ハワイに立ち寄り、5月帰国。8月には福沢最初の出版物である『増訂華英通語』を刊行。

◆1861（文久元）年　26歳

中津藩士の娘・錦と結婚。

◆1862（文久2）年　27歳

ヨーロッパ使節に随行。香港、シンガポールを経て、カイロ、マルセイユに到着。フランス、イギリス、オランダ、プロシア、ロシア、ポルトガルなどをほぼ1年かけて巡り帰国。8月に生麦事件が起き、洋学者にとって苦難の時期が始まる。

◆1863（文久3）年　28歳

緒方洪庵死去。長男・一太郎が誕生。

◆1864（元治元）年　29歳

禁門（蛤御門）の変が起きる。福沢は長州討伐に従軍せず、外国奉行支配翻訳御用を命ぜられる。

◆1865（慶應元）年　30歳

英文週刊新聞『ジャパン・ヘラルド』を翻訳し、諸藩に提供する。次男・捨次郎が誕生。

◆1866（慶應2）年　31歳

『西洋事情』初編3冊刊。徳川家茂死去。

◆1867（慶應3）年　32歳
軍艦受取委員の一行に加わってアメリカに渡り、約半年後に帰国。渡米中に原書を多数購入する。著述『西洋旅案内』や『條約十一国記』『西洋衣食住』を刊行。徳川慶喜、大政奉還。

◆1868（慶應4／明治元）年　33歳
鳥羽伏見の戦い起こる。私塾の名称を「慶應義塾」とする。長女・里生まれる。幕臣を退き帰農。

◆1869（明治2）年　34歳
『洋兵明鑑』など刊行。中津藩からの扶持を辞退。

◆1870（明治3）年　35歳
次女・房生まれる。中津への帰郷の際、何度も命を狙われる。

◆1871（明治4）年　36歳
慶應義塾、新銭座から三田に移転。『学問のすすめ』初編起草。

◆1872（明治5）年　37歳
『学問のすすめ』初編などを刊行。

◆1873（明治6）年　38歳
三女・俊生まれる。『学問のすすめ』二、三編などを刊行。スピーチを演説と訳す。

◆1874（明治7）年　39歳
『学問のすすめ』四～十三編などを刊行。母・順死去。三田演説会発足。

◆1875（明治8）年　40歳
『学問のすすめ』十四編、『文明論之概略』などを刊行。

◆1876（明治9）年　41歳
四女・滝生まれる。『学問のすすめ』十五〜十七編（完）などを刊行。

◆1877（明治10）年　42歳
西南戦争起こる。『民間経済録』初編、『分権論』などを刊行。

◆1878（明治11）年　43歳
東京府会議員に選出される。

◆1879（明治12）年　44歳
東京学士会院設立にあたり初代会長に選ばれる。東京府会議員を辞任。五女・光生まれる。『国会論』などを刊行。

◆1880（明治13）年　45歳
立場を越えて語り合う社交クラブ「交詢社」設立。

◆1881（明治14）年　46歳
交詢社の「私擬憲法案」発表。三男・三八生まれる。東京学士会院会員を辞任。

◆1882（明治15）年　47歳
「時事新報」創刊。

◆1883（明治16）年　48歳
四男・大四郎生まれる。

◆1890（明治23）年　55歳
慶應義塾大学部設置。

◆1892（明治25）年　57歳
北里柴三郎を助けて、伝染病研究所の設立に尽力。

◆1894（明治27）年　59歳
支援していた朝鮮改革運動家の金玉均が暗殺され、日本で葬儀を営む。日清戦争起こる。

◆1897（明治30）年　62歳
『福翁百話』などを刊行。

◆1899（明治32）年　64歳
『福翁自伝』『女《おんな》大学評論・新女《おんな》大学』を刊行。

◆1901（明治34）年　66歳
2月3日死去。死後、『瘦《やせ》我慢之説』などが刊行される。

※年譜は『NHK「100分de名著」ブックス　福沢諭吉　学問のすゝめ』齋藤孝（NHK出版）をもとに作成しています

著者

齋藤孝（さいとう・たかし）

明治大学文学部教授
1960年静岡県生まれ。東京大学法学部卒業。同大学大学院教育学研究科博士課程等を経て、現職。専門は教育学、身体論、コミュニケーション論。さまざまな古典に精通しており、『学問のすすめ』に関する著書は『現代語訳 学問のすすめ』『おとな「学問のすすめ」』『こども「学問のすすめ」』（いずれも筑摩書房）、『NHK「100分de名著」ブックス 福沢諭吉 学問のすゝめ』（NHK出版）など多数ある。

まんが

岩元健一（いわもと・けんいち）

鳥取県出身。都内の専門学校にて講師を務める。
主な作品は『まんがで読む 古事記』（学研教育出版）、『まんが学習シリーズ 日本の歴史（5）いざ、鎌倉 鎌倉時代』（KADOKAWA）、『デジ絵を簡単マスターペイントツールSAI スーパーテクニック』（ソーテック社）など。

〈まんが編集協力〉株式会社サイドランチ

Business ComicSeries まんがでわかる 福沢諭吉《ふくざわゆきち》『学問《がくもん》のすすめ』〈検印省略〉

2016年 9月 16日 第1刷発行
2023年 10月 17日 第5刷発行

著者——齋藤 孝（さいとう・たかし）
まんが——岩元 健一（いわもと・けんいち）
発行者——田賀井 弘毅

発行所——株式会社あさ出版
〒171-0022 東京都豊島区南池袋 2-9-9 第一池袋ホワイトビル 6F
電話 03（3983）3225（販売）
03（3983）3227（編集）
FAX 03（3983）3226
URL http://www.asa21.com/
E-mail info@asa21.com

印刷・製本 （株）光邦

note http://note.com/asapublishing/
facebook http://www.facebook.com/asapublishing
twitter http://twitter.com/asapublishing

ISBN978-4-86063-890-0 C2034